INSTITUTION

DE

PENSIONS DE RETRAITE

POUR LA VIEILLESSE

AVEC GARANTIE DE L'ÉTAT, POUR LES VERSEMENTS EFFECTUÉS

FONDÉE PAR

F. PINET

EN FAVEUR

DES EMPLOYÉS, OUVRIERS ET OUVRIÈRES

DE SA

MANUFACTURE DE CHAUSSURES

44, RUE DE PARADIS-POISSONNIÈRE, 44

PARIS

Mai 1876

PARIS

IMPRIMERIE CENTRALE DES CHEMINS DE FER

A. CHAIX ET Cie

RUE BERGÈRE, 20, PRÈS DU BOULEVARD MONTMARTRE

1876

INSTITUTION

DE

PENSIONS DE RETRAITE

MAISON FONDÉE EN 1855

PAR

F. PINET

RÉCOMPENSES OBTENUES AUX EXPOSITIONS

NANTES, 1861. — Médaille d'argent.

PARIS, 1867. — Médaille de bronze.

LE HAVRE, 1868. — Hors concours.
Président du Jury de la Section VI. — Classe VIII.

ALTONA, 1869. — Hors concours.
Membre du Jury. — Diplôme exceptionnel.

LYON, 1872. — Hors concours.
Membre du Jury. — Vice-Président de Section.

VIENNE, 1873. — Hors concours.
Membre du Jury. — Vice-Président et Rapporteur
de la Section VII. — Groupe V.

PARIS 1875. — Exposition internationale.
Membre du Jury.

SANTIAGO, 1876. — Première médaille.

INSTITUTION

DE

PENSIONS DE RETRAITE

POUR LA VIEILLESSE

AVEC GARANTIE DE L'ÉTAT, POUR LES VERSEMENTS EFFECTUÉS

FONDÉE PAR

F. PINET

EN FAVEUR

DES EMPLOYÉS, OUVRIERS ET OUVRIÈRES

DE SA

MANUFACTURE DE CHAUSSURES

44, RUE DE PARADIS-POISSONNIÈRE, 44

PARIS

Mai 1876

PARIS

IMPRIMERIE CENTRALE DES CHEMINS DE FER

A. CHAIX ET Cie

RUE BERGÈRE, 20, PRÈS DU BOULEVARD MONTMARTRE

1876

AVRIL 1876

AVANT-PROPOS

Une des plus grandes préoccupations pour l'homme qui n'a pour toute fortune que ses bras, c'est la crainte de la misère pour ses vieux jours ; et, s'il est père de famille, sa crainte est de mourir en laissant ses enfants sans aucune ressource après lui.

Cependant très-peu, relativement, font des économies à l'âge où il leur serait facile d'en faire ; beaucoup ont la bonne volonté, mais ont trop de faiblesse dans le caractère et ne peuvent arriver à la réalisation. Il y a aussi un assez grand nombre de personnes qui, malgré leur courage, leur bonne conduite, leur sobriété, ne peuvent pas faire d'économies ; des enfants à élever, des maladies, des **manques de travail**, sont souvent les causes qui font que l'ouvrier ne peut que vivre, quelquefois même avec difficulté, sans rien retrancher de son salaire journalier.

Puisque l'insouciance, l'imprévoyance ou la faiblesse de caractère pour les uns, l'impossibilité pour les autres, empêchent le plus grand nombre des personnes qui vivent de leur travail de s'assurer des ressources pour leur vieillesse ou pour leurs enfants au cas où la mort viendrait les surprendre avant d'avoir pu les élever, il faut que les chefs d'établissements, prévoyants pour eux-mêmes, le soient aussi pour leurs auxiliaires. Mais là est la difficulté; on ne peut le faire qu'avec de grands sacrifices d'argent, surtout dans les industries où la main-d'œuvre entre pour une forte part dans le prix de revient ou de fabrication.

Il était très-facile, — aussi l'a-t-on fait depuis longtemps, — d'établir des caisses de retraite en faisant des retenues sur les appointements ou sur les salaires, pour les employés des administrations de l'État, pour ceux des grandes compagnies, telles que celles des chemins de fer, des grandes usines, des grandes banques, où tout le personnel a des appointements fixes, et se recrute avec facilité par la confiance et la sécurité que ces grands établissements inspirent. Mais, dans l'industrie privée, il est presque impossible de faire des retenues aux ouvriers sur leurs salaires ; d'abord, ce procédé pour beaucoup d'industries offrirait de grandes difficultés d'application, et trop peu d'ouvriers consentiraient à des retenues qui ne devraient leur profiter que beaucoup plus tard.

Déjà, mais en très-petit nombre, quelques chefs d'industries à idées généreuses, n'occupant, du reste, qu'un personnel relativement peu nombreux par rapport à leur chiffre d'affaires (les machines dans ces maisons aidant grandement au travail) ont institué chez eux, en abandonnant une part de leurs bénéfices, des caisses de retraites et des caisses de prévoyance dont ils ont la gestion ; mais il faut vieillir dans ces maisons pour pouvoir jouir de leurs bienfaits. Parmi celles que je connais, je dois citer la Maison A. Chaix et Cie, imprimeurs à Paris, qui se distingue d'une manière toute particulière par l'ensemble de ses institutions en faveur de tout son personnel : apprentis, ouvriers, ouvrières et employés. On ne saurait trop louer tous ces hommes de bien.

Mais chaque commerce, chaque industrie, a ses exigences et ses besoins particuliers ; ce qui peut se faire dans l'un ne peut pas toujours se faire dans l'autre.

Il y a des industries où tout le personnel travaille dans l'atelier, et, dans la plupart de celles-ci, l'homme n'est que le conducteur des machines et par conséquent produit chaque année une grande quantité de travail ; la proportion de la main-d'œuvre pour les produits sortant de ces ateliers est peu élevée et la part de bénéfice donnée à la maison par chaque personne est plus grande que dans les industries où la machine n'est que l'auxiliaire de l'homme ; là, il faut un personnel beaucoup plus nombreux pour obtenir une somme égale de production ; puis, dans la plupart de ces dernières industries, les ouvriers et les ouvrières travaillent dans leur chambre et peuvent travailler pour plusieurs maisons à la fois. L'industrie de la chaussure est dans cette condition ; non-seulement le plus grand nombre de ses ouvriers travaillent chez eux, mais même beaucoup habitent des localités éloignées de celle où est le siége de la maison.

Placé dans ces conditions de travail, je ne voyais pas la possibilité d'établir dans ma maison d'une manière équitable et fructueuse pour tous, aucun des systèmes de prévoyance ou de coopération dont j'ai connaissance. Cependant, puisque la fortune m'avait souri, je voulais réaliser, dans la force de mes moyens, un rêve de ma jeunesse, celui que je faisais étant ouvrier, lorsque je voyais de vieux camarades que les forces abandonnaient, ne plus pouvoir suffire à leurs besoins, et qui, n'ayant pas su ou n'ayant pas pu, dans leur jeunesse, faire des économies pour leurs vieux jours, se trouvaient dans la misère sans avoir été cependant ni paresseux ni mauvais sujets. Je me disais que, dans une société bien organisée, il ne devait pas y avoir de ces misères-là, et que je serais bien heureux si un jour je pouvais contribuer à les diminuer.

Depuis cette époque, les caisses d'épargne se sont multipliées et perfectionnées ; les sociétés de secours mutuels ont pris une plus large base et un plus grand développement ; la Caisse des retraites pour la vieillesse a été fondée ; mais toutes ces excellentes institutions, si utiles pour le placement des petites économies, ne sont pas encore bien comprises de tous ceux qui ont intérêt à les connaître. Elles sont suffisantes pour les personnes qui ne craignent pas de se déranger pour le placement de leurs économies, mais celles-là ne forment que le petit nombre, car beaucoup, soit par impossibilité, soit par négligence, soit même par ignorance, surtout à l'égard de la Caisse des retraites pour la vieillesse, ne profitent pas de ces institutions. Il est donc nécessaire de faire autre chose encore en faveur de ceux qui vivent d'un travail journalier.

J'ai beaucoup réfléchi sur cette question, et j'ai imaginé un moyen très-onéreux, il est vrai, pour le chef de maison, et qui oblige à une assez grande comptabilité, mais très-sûrement profitable pour l'ou-

vrier et pour l'employé, leur donnant toute sécurité, sans rien laisser d'aléatoire et conser-
vant l'indépendance des uns et des autres, chacun n'étant guidé que par son propre intérêt.

Mais, comme il est juste que chacun soit
récompensé selon ses œuvres, j'établis des
règles qui ne peuvent profiter qu'aux personnes travailleuses et ayant de la stabilité.

Pour avoir droit à la prime que j'accorde,
je fixe un minimum de travail assez bas
pour que les ouvriers les plus faibles qui
emploieront convenablement leur temps
puissent l'atteindre ; pour les ouvrières, je
l'ai fixé relativement plus bas encore, afin
que les mères de famille travaillant chez
elles puissent, tout en soignant leur ménage
et leurs enfants, atteindre aussi, et assez
facilement ce minimum.

Mon règlement n'est pas favorable aux
natures paresseuses, débauchées ou incons-
tantes ; il vise un but moral, en ne voulant

récompenser que les personnes honnêtes, stables et courageuses ; je ne veux aider que ceux qui font des efforts pour s'aider eux-mêmes, et je crois qu'en cela j'aurai l'approbation de tous les honnêtes gens.

Le règlement que je viens d'élaborer pour ma Maison peut, je crois, être appliqué dans presque tous les établissements ayant quelque importance, en faisant, bien entendu, les modifications que commanderont les besoins de chacun d'eux.

Enfin, je serai très-heureux d'avoir des imitateurs dans l'œuvre que je fonde, soit parmi mes confrères, soit dans d'autres industries.

F. PINET,

Président de la Société de Secours mutuels
de la Cordonnerie de Paris.

RÈGLEMENT

ARTICLE 1er.

Afin de former une rente viagère pour leur vieillesse à tous les employés, ouvriers et ouvrières attachés à ma Maison aux conditions déterminées dans le présent règlement, j'ai résolu de verser chaque année, à la Caisse des retraites pour la vieillesse, à titre gracieux, et au nom de chacun d'eux, une somme équivalant *à une augmentation de 5 pour 100* sur leurs salaires ou appointements, jusqu'à concurrence de cent francs par an sur la tête de la même personne.

Article 2.

Les versements seront faits à capital réservé, afin qu'en cas de mort de leurs parents, les enfants puissent hériter du capital versé ; mais il sera facultatif au titulaire, s'il désire avoir une rente plus forte, de la demander à capital aliéné (1).

Article 3.

Pour avoir droit au versement, tout employé, ouvrier ou ouvrière devra faire partie, soit comme membre honoraire, soit comme membre participant, d'une société de secours mutuels (ceux habitant Paris, devront de préférence faire partie de la Société de la Cordonnerie) et être en règle avec elle, à moins que leur âge, leur santé ou leurs infirmités ne permettent pas de les y admettre, ou qu'il n'en existe pas dans la ville de leur résidence, ce qui devra être

---

(1) D'après la loi. cette demande pourra être faite même après la liquidation de la pension ; mais, plus il y a de temps que l'abandon du capital est fait, plus la rente à recevoir est forte.

affirmé par un certificat délivré par le maire de la localité.

Ils devront travailler exclusivement pour ma Maison et en faire partie depuis *au moins* trois années consécutives, lesquelles ne commenceront, pour la facilité de la comptabilité, qu'à partir du premier juillet de chaque année. Mon inventaire ayant lieu à cette époque, tous les comptes seront arrêtés à cette date et les versements effectués dans le courant du même mois ou dans le mois suivant, pour le premier versement avoir lieu en 1877.

ARTICLE 4.

Les deux premières années sont considérées comme stage et ne donnent pas droit au versement ; mais il est acquis pour la troisième année et toutes celles qui suivront, dans les conditions déterminées aux articles 3, 5, 6, 8, 9 de ce règlement.

ARTICLE 5.

N'auront droit au versement que les ouvriers et ouvrières ayant produit pour la

Maison un **minimum de travail** déterminé de la manière suivante par la somme
qu'ils auront gagnée :

L'ouvrier habitant Paris ou sa banlieue,
travaillant directement pour ma Maison,
devra avoir gagné, par son travail seulement, dans son année, au moins une somme
de   Fr. 1,200

L'ouvrier habitant la province,
travaillant sous la direction d'un
contre-maître ou d'un entrepreneur, devra avoir gagné dans son
année au moins une somme de   Fr.   900

Les ouvrières habitant Paris ou
la province devront avoir gagné
dans leur année au moins une
somme de   Fr.   400

ARTICLE 6.

Celui ou celle qui, pour cause de maladie,
ne pourrait pas atteindre le minimum de
travail exigé pour l'année, devra produire
un certificat du président de la société de
secours mutuels à laquelle il ou elle appar-
tiendra, et, à son défaut, un certificat
dûment légalisé, du médecin qui l'aura

3

soigné, constatant le nombre de jours perdus pendant la maladie ; dans ce cas, une réduction proportionnée au temps perdu sera faite sur le minimum de la somme exigée pour avoir droit au versement.

Article 7.

L'employé, l'ouvrier ou l'ouvrière qui quitteraient volontairement ma Maison ou cesseraient de travailler pour elle, perdront leur droit au versement de l'année courante ; il en sera de même pour ceux qui se feront remercier pour cause de mauvais travail ou par un manque quelconque à leurs devoirs.

S'ils étaient admis à rentrer ou à reprendre du travail pour ma Maison, ils auraient à recommencer un nouveau stage pour pouvoir jouir des avantages du versement.

Article 8.

Si, par suite de baisse dans les affaires de la Maison, il y avait lieu de suspendre le travail à un certain nombre de personnes, celles remerciées pour cette cause conserveront tous leurs droits ; le versement sera fait au prorata de ce qu'elles auront gagné dans l'année, à condition, sous peine d'être déchues de leurs droits, qu'elles auront été autorisées, par écrit, à travailler pour d'autres maisons et que, quand j'aurai besoin d'elles, huit jours après en avoir été averties par lettre, elles reprendront leur travail.

ARTICLE 9.

Les hommes appartenant à ma Maison, appelés pour le service militaire, conserveront leur droit acquis au versement, lequel sera fait pour l'année courante au prorata de ce qu'ils auront gagné ; à leur retour, ils ne seront pas obligés de faire un nouveau stage; ils n'auront qu'à le compléter s'ils n'avaient pas fini leurs deux années.

Pour conserver ce droit, ils devront me donner avis de leur libération dans les huit jours qui suivront et, sur mon invitation de reprendre leur travail, ils devront le faire au plus tard huit jours après la réception de ma lettre ; faute de quoi, ils encourraient la perte de leurs droits et seraient obl'gés, s'ils revenaient postérieurement, de recommencer un nouveau stage.

ARTICLE 10.

L'ouvrier qui travaillerait pour une autre maison, sans en avoir reçu l'autorisation écrite, perdra son droit au versement de l'année courante, quand bien même il ferait pour ma Maison, dans son année, une somme de travail dépassant le minimum fixé aux articles 5 et 14.

ARTICLE 11.

Le versement pour l'homme marié sera fait au nom du ménage ; si les deux époux travaillent pour ma Maison, il pourra être fait au nom de chacun d'eux, et si la femme seule y travaille, le versement sera fait en son nom seul.

ARTICLE 12.

Le père de famille qui fera travailler ses enfants avec lui pourra demander, lorsqu'ils auront atteint l'âge de 17 ans, qu'une part du versement auquel il aura droit soit faite sur leur tête, d'après l'estimation du travail qu'ils feront ; mais, à partir de l'âge de 20 ans, ils auront leur compte parti-

culier et rentreront dans les conditions géné-
rales du règlement. Il leur sera tenu compte,
pour leur stage, du temps qu'ils auront
passé avec leur père, si toutefois ils n'ont
pas cessé de travailler pour ma Maison.

Article 13.

L'âge minimum fixé pour la liquidation
de la pension est de 55 ans pour les personnes dont le premier versement pourra
être fait avant qu'elles n'aient atteint 45
ans révolus, et à 60 ans pour celles ayant
dépassé cet âge avant d'avoir droit au premier versement ; mais il sera toujours
facultatif aux titulaires qui désireront laisser
augmenter leurs rentes, de retarder cette
liquidation jusqu'à l'époque où il leur conviendra de prendre leur retraite, sans pouvoir cependant dépasser 65 ans, qui est
l'âge maximum déterminé par la loi (1).

En cas d'incapacité absolue de travail, la
liquidation de la pension pourra toujours
être demandée sans limite d'âge.

(1 Ceux qui veulent reculer l'époque de la liquidation
de leur pension doivent en donner avis à l'administra-
tion de la caisse des retraites au moins trois mois avant
l'époque fixée pour cette liquidation.

Article 14.

Considérant qu'après l'âge de 55 ans, beaucoup d'ouvriers et ouvrières ont perdu une partie de leurs forces, la somme destinée au versement pourra, s'ils le préfèrent, leur être donnée directement chaque année, pour en user comme il leur conviendra ; toutefois, pour avoir droit à ce privilége avant l'âge de 60 ans, il faudra qu'il y ait au moins cinq versements effectués ; après cet âge, cette condition ne sera pas exigée et le minimum de salaire déterminé pour l'année sera abaissé comme suit :

Pour les ouvriers habitant Paris, à. Fr. 900

Pour les ouvriers habitant la province, à...................... Fr. 700

Pour les ouvrières de Paris ou de la province, à................ Fr. 300

Article 15.

L'ouvrier et l'ouvrière travaillant chez eux ou chez des entrepreneurs seront porteurs de livrets sur lesquels sera inscrit ce qu'ils gagneront, et chaque mois le compte sera arrêté par une addition.

Article 16.

Le 3 de chaque mois, chaque contre-
maître ou entrepreneur devra avoir arrêté
les comptes du mois précédent, et me les
remettre ou me les envoyer pour que je les
reçoive le 5 au plus tard.

Article 17.

Ne participeront pas au versement les
employés ayant déjà un intérêt sur les
affaires de la Maison ni les entrepreneurs
ou entrepreneuses.

Ne sont pas considérées comme entrepreneuses les ouvrières travaillant chez
elles avec une machine à coudre et occupant une ou deux personnes.

Le versement ne portera que sur le net
qu'elles auront gagné, c'est-à-dire déduc-
tion faite de ce qu'elles auront payé à leurs
ouvrières et 10 0/0 considérés comme four-
nitures seront aussi déduits de la somme
totale. Pour avoir droit au versement, elles
devront se conformer à l'article 19.

ARTICLE 18.

Les ouvriers et ouvrières qui changeraient de ville, mais qui continueraient à travailler pour ma Maison, conserveront leur droit d'ancienneté.

ARTICLE 19.

Tous les contre-maîtres et entrepreneurs devront me donner les noms, prénoms, âge et domicile de chaque ouvrier et ouvrière et me tenir toujours au courant de leur changement de demeures.

ARTICLE 20.

Pour la facilité des versements, les livrets de la caisse des retraites resteront entre mes mains, mais une feuille établissant leur compte sera envoyée à chacun après chaque versement.

Sur sa demande, le livret sera remis à celui ou à celle qui cessera de travailler pour ma Maison.

Article 21.

Les employés, ouvriers ou ouvrières qui, à la date du premier juillet, présente année 1876, travailleront depuis au moins deux années consécutives pour ma Maison, n'auront pas de stage à faire s'ils sont dans les conditions déterminées par les articles 3, 5, 6, 8, 9 ; ils auront droit au premier versement qui aura lieu en 1877.

Article 22.

Pour l'obtention du livret, il faut présenter à la Caisse des retraites l'extrait de naissance et l'acte de mariage, s'il y a lieu, de la personne au nom de laquelle on veut faire le versement ; en conséquence, ces papiers devront m'être remis en temps utile.

Pour la Caisse des retraites pour la vieillesse comme pour les sociétés de secours mutuels, les mairies délivrent gratuitement les actes nécessaires pour l'inscription (art. 11 de la loi du 18 juin 1850).

ARTICLE 23.

Tout en me réservant de modifier le présent règlement si je trouvais convenable de le faire, et ne voulant pas engager l'avenir à l'égard de mes successeurs, ce règlement ne pourra, dans aucun cas, avoir d'effet rétroactif, non-seulement envers les sommes versées qui restent forcément acquises au titulaire, puisque le versement est fait en son nom dans une caisse de l'État, mais encore si des changements ou modifications étaient faits, ceux qui auront droit au versement pour l'exercice en cours le recevront à l'époque réglementaire.

ARTICLE 24.

Voulant donner une preuve d'attachement à mon ancien personnel, employés, ouvriers et ouvrières travaillant pour moi depuis au moins sept années consécutives, je verserai au mois d'août prochain au compte de chacun à la Caisse des retraites pour la vieillesse ou dans les mains de ceux qui auront 60 ans révolus, une somme calculée à raison de 5 francs pour les hommes et de 3 francs pour les femmes par chaque année de travail pour ma Maison.

———

EXPLICATION DES TABLEAUX.

J'ai fait les sept tableaux qui suivent afin que, d'un simple coup d'œil, chaque intéressé puisse se rendre compte de ce que produisent les sommes versées à différents âges, et de combien les pensions augmentent en reculant l'âge de la liquidation.

Ces tableaux sont faits par périodes de cinq années ; il eût été trop compliqué d'en faire pour chaque année de versement et de liquidation de la pension ; mais, tels qu'ils sont, chacun peut toujours se rendre à peu près compte de ce que produisent les sommes versées dans les années intermédiaires, ainsi que pour les pensions liquidées dans les années qui suivent celles indiquées.

La Caisse des retraites pour la vieillesse ne peut jamais donner plus de 1,500 francs de rente à la même personne ; si, sur plusieurs de mes tableaux ce chiffre est un peu dépassé, c'est seulement pour faire voir où il serait possible d'arriver avec les versements indiqués, si la loi le permettait.

Quand la caisse reçoit des sommes excédant celles nécessaires pour constituer 1,500 francs de rente, elle rend l'excédant du capital sans intérêt au titulaire au moment de la liquidation de sa pension, ou, s'il meurt avant la liquidation, elle le rend à ses ayants droit.

Par les tableaux qui suivent, chacun peut voir combien il est facile pour des personnes jeunes ayant du courage et de la bonne volonté, de se mettre non-seulement à l'abri de la misère pour leurs vieux jours, mais encore d'acquérir une certaine aisance. Ainsi, par exemple, un jeune homme commençant à l'âge de 20 ans et gagnant une moyenne de 1,500 francs par an (chose très-facile pour les ouvriers de Paris), ce qui comporte, d'après mon règlement, un versement annuel de 75 fr., aura à 55 ans une rente :

A capital réservé, de..... Fr.. 675 »
A capital aliéné, de............. 926 62

Et, s'il veut attendre cinq années de plus pour prendre sa retraite, il aura une rente :

A capital réservé, de.... Fr. 1.134 75
A capital aliéné, de......... 1.500 »

Une jeune fille commençant au même âge, pouvant facilement, tout en se mariant, et devenant mère de famille, gagner pendant la même période une moyenne de 600 francs par an, aurait à 55 ans une rente :

A capital réservé, de...... Fr. 270 »
A capital aliéné, de........ ... 370 65

En retardant de 5 ans pour prendre sa retraite, elle aurait une rente :

A capital réservé, de...... Fr. 453 90
A capital aliéné, de.......... 629 19

Dans un ménage où les deux époux se trouveront dans les conditions citées ci-

dessus, prenant leur retraite à 55 ans, ils
auront une rente :

A capital réservé, de.... Fr.   945   »
A capital aliéné, de.........   1.297 27

Et comme le plus souvent, le mari est
plus âgé et plus robuste que la femme, si
celui-ci ne prend sa retraite qu'à 60 ans
et sa femme à 55 ans, ils auront une rente :

A capital réservé, de.... Fr.   1.404 75
A capital aliéné, de..........   1.870 65

S'ils n'ont pas aliéné le capital, ils laisseront à leurs héritiers, après leur décès,
si tous deux ont pris leur pension à 55 ans,
une somme de 3,675 francs, et si la femme
l'a prise à 55 ans et l'homme à 60 ans, ils
laisseront à leurs héritiers une somme de
4,050 francs, ce qui représente intégrale-
ment les sommes versées sur la tête de l'un
et de l'autre.

Les sommes citées ci-dessus ne sont que
la moyenne, c'est-à-dire celles que le plus
grand nombre de personnes peut atteindre
sans trop d'efforts, en commençant jeune à

verser ; car, à la Caisse des retraites pour la vieillesse, on peut, en versant des sommes suffisantes, se faire dans un ménage jusqu'à 3,000 francs de rente, tout en réservant le capital pour ses héritiers.

A la Caisse des retraites pour la vieillesse, les tarifs sont établis sur l'unité de franc et calculés par trimestre pour le versement et par année pour la jouissance.

Pour l'application des tarifs, les trimestres commencent les 1er janvier, 1er avril, 1er juillet et 1er octobre.

L'intérêt des sommes déposées est compté à partir du premier jour du trimestre qui suit la date du versement.

L'âge du titulaire de la rente est calculé comme s'il était né le premier jour du trimestre qui a suivi la date de sa naissance.

TABLEAU N° 1.

EN VERSANT UNE SOMME DE 20 FRANCS PAR AN DEPUIS L'AGE DE	ON ACQUIERT UNE RENTE VIAGÈRE A L'AGE DE :							
	50 ans A CAPITAL		55 ans A CAPITAL		60 ans A CAPITAL		65 ans A CAPITAL	
	Réservé	Aliéné	Réservé	Aliéné	Réservé	Aliéné	Réservé	Aliéné
20 ans	111,10	150,86	180 »	247,10	302,60	419,46	543,94	760,22
25 ans	74,68	103,98	123,16	173,94	209,20	299,24	378,26	547 »
30 ans	48,28	69,18	81,96	119,66	141,50	210,04	258,20	388,76
35 ans	29,32	43,44	52,34	79,48	92,84	144,02	171,90	271,66
40 ans	15,84	24,44	31,30	49,80	58,28	95,28	110,60	185,22
45 ans	6,42	10,36	16,60	27,86	34,12	59,20	67,74	121,22
50 ans	»	»	6,58	11,66	17,66	32,60	38,54	74,04
55 ans	»	»	»	»	6,82	13,42	19,32	40,02
60 ans	»	»	»	»	»	»	7,20	16,20

TABLEAU N° 2.

EN VERSANT UNE SOMME DE 30 FRANCS PAR AN DEPUIS L'AGE DE	ON ACQUIERT UNE RENTE VIAGÈRE A L'AGE DE :							
	50 ans A CAPITAL		55 ans A CAPITAL		60 ans A CAPITAL		65 ans A CAPITAL	
	Réservé	Aliéné	Réservé	Aliéné	Réservé	Aliéné	Réservé	Aliéné
20 ans	166,65	226,29	270 »	370,65	453,90	629,19	815,91	1140,33
25 ans	112,02	155,97	184,74	260,91	313,80	448,86	567,39	820,50
30 ans	72,42	103,77	122,94	179,49	212,25	315,06	387,30	583,14
35 ans	43,98	65,16	78,51	119,22	139,26	216,03	257,85	407,49
40 ans	23,76	36,66	46,95	74,70	87,42	142,92	165,90	277,83
45 ans	9,63	15,54	24,90	41,79	51,18	88,80	101,61	181,83
50 ans	»	»	9,87	17,49	26,49	48,90	57,81	111,06
55 ans	»	»	»	»	10,23	20,13	28,98	60,03
60 ans	»	»	»	»	»	»	10,80	24,30

TABLEAU Nº 3

EN VERSANT UNE SOMME DE 40 FRANCS PAR AN DEPUIS L'AGE DE	ON ACQUIERT UNE RENTE VIAGÈRE A L'AGE DE :						
	50 ans A CAPITAL		55 ans A CAPITAL		60 ans A CAPITAL		65 ans A CAPITAL
	Réservé	Aliéné	Réservé	Aliéné	Réservé	Aliéné	Réservé	Aliéné
20 ans	222,20	301,72	360 »	494,20	605,20	838,92	1087,88	1520,44
25 ans	149,36	207,96	246,32	347,88	418,40	598,48	756,52	1094 »
30 ans	96,56	138,36	163,92	239,32	283 »	420,08	516,40	777,52
35 ans	58,64	86,88	104,68	158,96	185,68	288,04	343.80	543,32
40 ans	31,68	48,88	62,60	99,60	116,56	190,56	221,20	370,44
45 ans	12,84	20,72	33,20	55,72	68,24	118,40	135,48	242,44
50 ans	»	»	13,16	23,32	35,32	65,20	77,08	148,08
55 ans	»	»	»	»	13,64	26,84	38,64	80,04
60 ans	»	»	»	»	»	»	14,40	2,40

TABLEAU N° 4.

EN VERSANT UNE SOMME DE 50 FRANCS PAR AN DEPUIS L'AGE DE	ON ACQUIERT UNE RENTE VIAGÈRE A L'AGE DE :							
	50 ans A CAPITAL		55 ans A CAPITAL		60 ans A CAPITAL		65 ans A CAPITAL	
	Réservé	Aliéné	Réservé	Aliéné	Réservé	Aliéné	Réservé	Aliéné
20 ans	277,75	377,15	450 »	617 75	756,50	1048,65	1359,85	1900,55
25 ans	186,70	259,95	307,90	434,85	523 »	748,10	945,65	1367,50
30 ans	120,70	172,95	204,90	299,15	353,75	525,10	645,50	971,90
35 ans	73,30	108,60	130,85	198,70	232,10	360,05	429,75	679,15
40 ans	39,60	61,10	78,25	124,50	145,70	238,20	276,50	463,05
45 ans	16,05	25,90	41,50	69,65	85,30	148 »	169,35	303,05
50 ans	»	»	16,45	29,15	44,15	81,50	96,35	185,10
55 ans	»	»	»	»	17,05	33,55	48,30	100,05
60 ans	»	»	»	»	»	»	18 »	40,50

TABLEAU N° 5.

EN VERSANT UNE SOMME DE 60 FRANCS PAR AN DEPUIS L'AGE DE	ON ACQUIERT UNE RENTE VIAGÈRE A L'AGE DE :							
	50 ans A CAPITAL		55 ans A CAPITAL		60 ans A CAPITAL		65 ans A CAPITAL	
	Réservé	Aliéné	Réservé	Aliéné	Réservé	Aliéné	Réservé	Aliéné
20 ans	333,30	452,58	540 »	741,30	907,80	1258,38	1631,82	2280,66
25 ans	224,04	311,94	369,48	521,82	627,60	897,72	1134,78	1641 »
30 ans	144,84	207,54	245,88	358,98	424,50	630,12	774,60	1166 28
35 ans	87,96	130,32	157,02	238,44	278,52	432,06	515,70	814,98
40 ans	47,52	73,32	93,90	149,40	174,84	285,84	331,80	555,66
45 ans	19,26	31,08	49,80	83,58	102,36	177,60	203,22	363,66
50 ans	»	»	19,74	34,98	52,98	97,80	115,62	222,12
55 ans	»		»	»	20,46	40,26	57,96	120,06
60 ans	»	»	»	»	»	»	21,60	48,60

TABLEAU N° 6.

EN VERSANT UNE SOMME DE 75 FRANCS PAR AN DEPUIS L'AGE DE	ON ACQUIERT UNE RENTE VIAGÈRE A L'AGE DE :							
	50 ans A CAPITAL		55 ans A CAPITAL		60 ans A CAPITAL		65 ans A CAPITAL	
	Réservé	Aliéné	Réservé	Aliéné	Réservé	Aliéné	Réservé	Aliéné
20 ans	416,62	565,72	675 »	926,62	1134,75	1572,97	»	»
25 ans	280,05	389,92	461,85	652,27	784,50	1122,15	1418,47	»
30 ans	181,05	259,42	307,35	448,72	530,62	787,65	968,25	1457,85
35 ans	109,95	162,90	196,27	298,05	348,15	540,07	644,62	1018,72
40 ans	59,40	91,65	117,37	186,75	218,55	357,30	414,75	694,57
45 ans	24,07	38,85	62,25	104,47	127,95	222 »	254,02	454,57
50 ans	»	»	24,67	43,72	66,22	122,25	144,52	277,65
55 ans	»	»	»	»	25,57	50,32	72,45	150,07
60 ans	»	»	»	»	»	»	27 »	60,75

EN VERSANT UNE SOMME DE 100 FRANCS PAR AN DEPUIS L'AGE DE	ON ACQUIERT UNE RENTE VIAGÈRE A L'AGE DE :							
	50 ans A CAPITAL		55 ans A CAPITAL		60 ans A CAPITAL		65 ans A CAPITAL	
	Réservé	Aliéné	Réservé	Aliéné	Réservé	Aliéné	Réservé	Aliéné
20 ans	555,50	754,30	900 »	1235,50	1513 »	»	»	»
25 ans	373,40	519,90	615,80	869,70	1046 »	1496,20	»	»
30 ans	241,40	345,90	409,80	598,30	707,50	1050,20	1291 »	»
35 ans	146,60	217,20	261,70	397,40	464,20	720,10	859,50	1358,30
40 ans	79,20	122,20	156,50	249 »	291,40	476,40	553 »	925,10
45 ans	32.10	51,80	83 »	139,30	170,60	296 »	338,70	606,10
50 ans	»	»	32,90	58,30	88,30	163 »	192,70	270,20
55 ans	»		»	»	34,10	67,10	96,60	200,10
60 ans	»	»	»	»	»	»	36 »	81 »

IMPRIMERIE CENTRALE DES CHEMINS DE FER. — A. CHAIX ET Cie,

RUE BERGÈRE, 20, A PARIS. — 10122-6.

A. CHAIX & Cie

Imprimeurs

Rue Bergère, 20, à Paris

9 782329 667041